DWY DDRAMA HA HA! 1

DAN Y MORTHWYL a NYTH CACWN

Cynllun y clawr wedi'i godi o lun Clwb Ffermwyr Ifanc Pontsiân yn perfformio'r ddrama 'Oli', sy'n rhan o'r gyfres hon, gan Carwyn Blayney, Cennydd Jones ac Endaf Griffiths a ddaeth yn fuddugol yng Ngwledd Adloniant C.Ff.I. Cymru yn Galeri, Caernarfon, ym mis Chwefror 2020.

YN Y LLUN: *(o'r chwith)* Cennydd Jones, Carwyn Blayney, Glesni Mai Thomas, Gwion Ifan, Siriol Teifi ac Endaf Griffiths

Argraffiad cyntaf: 2021
Hawlfraint: yr awduron

Cedwir pob hawl.
Ni chaniateir atgynhyrchu unrhyw ran o'r cyhoeddiad hwn,
na'i gadw mewn cyfundrefn adferadwy, na'i drosglwyddo mewn
unrhyw ddull na thrwy unrhyw gyfrwng, electronig, electrostatig, tâp magnetig,
mecanyddol, ffotogopïo, recordio, nac fel arall.
Mae'r awduron yn rhoi caniatâd i bob cwmni drama cymdeithasol i berfformio'r
dramâu hyn fel rhan o nosweithiau a chystadlaethau a gwyliau drama.
Nid oes rhaid cysylltu â'r awduron i sicrhau'r caniatâd hwnnw ac ni chodir
tâl perfformio am y cynyrchiadau hynny.

Rhif Llyfr Safonol Rhyngwladol: 978-1-84524-407-1

Cynllun clawr a dylunio: Eirian Evans

Cyhoeddir gan bwyllgor Gŵyl Ddrama'r Odyn
gyda chymorth Cronfa Fferm Wynt Coedwig Clocaenog
a nawdd Gwasg Carreg Gwalch, Llanrwst

Yr Odyn, papur bro Nant Conwy, oedd y papur bro cyntaf i gynnal Gŵyl Ddrama
flynyddol er mwyn codi arian at gynnal y papur. Cynhaliwyd y gyntaf yn 1978 ac o'r
dechrau un daeth doniau a miri cymdeithasol yr ŵyl yn rhan o galendr blynyddol yr
ardal. Mae'r ŵyl yn dal i gael ei chynnal yn flynyddol – er bod cyfnod c o'r pandemig
diweddar wedi golygu gohirio'r ŵyl ddiweddaraf. Mae'r ŵyl hon yn anad yr un arall felly
yn ymwybodol o'r angen am fwy o ddramâu cymdeithasol i gadw'r math hwn o
ddiwylliant yn fyw yn ein cymunedau. Dyna pam yr aeth y pwyllgor ati i gasglu dwsin o
ddramâu defnyddiol at ei gilydd a threfnu'r nawdd fel bod modd adfer y math hwn o
fwrlwm theatrig a oedd yn rhan o ddiwylliant Cymru yn y gorffennol.

DAN Y MORTHWYL

COMEDI UN ACT

gan

Ifan Gruffydd Jones

DAN Y MORTHWYL

GOLYGFA: Ystafell fyw mewn ffermdy traddodiadol

CYMERIADAU:

Jac a Megan	Pâr traddodiadol cefn gwlad, ar fin ymddeol
Mr Thomas yr arwerthwr	Dyn hunanbwysig, sebonllyd hefyd
Archie	Postman busneslyd
John	Hen was a hen lanc drygionus
Gareth Davies	Bachgen yn ei dridegau
C. S.	Prynwr – Sais

GOLYGFA 1

Megan yn polisho ornaments yn yr ystafell fyw, mae yna rai ornaments hefyd ar y ford gyda hi. Mae hi i'w gweld â dagrau yn ei llygaid ac yn eu sychu efo macyn. Daw Jac ei gŵr i lawr o'r lloft gyda Mr Thomas, o gwmni Tomos, Tomos a Tomos yr arwerthwyr.

JAC: Wel na fe, ych chi wedi gweld tipyn o bobman nawr, Mr Thomas.

MR THOMAS: Odw, ond y ddwy sied tu ôl i'r tŷ yn te fe.

JAC: O! ie, ie, fe gewch chi weld rheina nawr. (yn mynd)

MR THOMAS: Wel Mrs Williams, ma' rhaid i fi eich llongyfarch chi a Mr Williams, dyma'r fferm daclusaf rwyf i wedi ei cherdded erioed. Ma' grân ar bopeth, os wir a mae yma dŷ da iawn, os wir. Tŷ solid os wir, tŷ solid iawn, tŷ am dragwyddoldeb odi wir. Mae'n bleser i arwerthwr gael hysbysebu fferm fel hon ac mae'n werth pob dime o'r arian fyddwn ni yn gofyn amdani, odi wir.

MEGAN: Cofiwch mae'n anodd iawn i feddwl am adel yr hen gartref – chi'n gweld, Mr Thomas, mae saith cenhedlaeth o 'nheulu i wedi bod yma.

MR THOMAS: Allai ddeall yn iawn Mrs Williams fach, alla i wir. Ond cofiwch wi'n gweud hyn wrth bawb... Y cam cynta yw'r cam anodda, ie wir.

MEGAN: 'Wy ddim yn gw'bod wir, y cam ola fydd anodda pan ddaw'r dydd i fynd o ma am y tro ola.

MR THOMAS: Credwch chi fi Mrs Williams erbyn hynny fydd pethe yn edrych dipyn yn wahanol, byddan wir i chi. Bydd y sêl wedi bod (wrth iddo siarad mae Megan yn crio ychydig ac yn gwaethygu fel mae Mr Thomas yn cadw i siarad), bydd y creaduriaid wedi mynd ac fe fyddwch chi'n edrych ymlaen i ymddeol. Prynu byngalo bach neis.

MEGAN: (siarad yn dawel a lleisio) Ni ddim yn lico byngalos!

MR THOMAS: Fyddwch chi a Mr Williams yn gallu cysgu ymlaen ar fore oer, fydd dim eisie codi i odro.

MEGAN: Wedi arfer codi'n fore.
MR THOMAS: Dim gorfod llanw'r ffurflennu a dim VAT. O! Na Mrs Williams, Cofiwch! 'Ymlaen mae Canaan!' i chi ragor. Fel mae Llyfr y Pregethwr yn dweud mor rhagorol 'Y mae amser i bob peth o dan y nefoedd ac amser i bob amcan o dan y Nefoedd. Amser i geisio ac amser i golli, Amser i gadw ac amser i fwrw ymaith.

Megan yn crio dros y lle o glywed y geiriau

JAC: Fi'n credu, Mr Thomas, ei bod hi'n amser i ni fynd i weld y shede nawr.

Y ddau yn mynd allan, ac o'r cefn fe ddaw John, yr hen was yn ei byjamas a dressing gown.

MEGAN: O! shwt y' chi heddi' John bach?
JOHN: Dim yn dda, mae'r hen chest 'ma wedi bod yn gwichian drwy'r nos (yn peswch) a 'wy wedi bod yn y tŷ bach 'na am hanner awr a dim tamed callach yn y diwedd.
MEGAN: Wel! Dewch i eistedd fan hyn falle gewch chi fwy o hwyl nes ymla'n. Fe wna i gwpaned o de i chi.
JOHN: A rhowch dropyn bach o wisgi ynddo fe.
MEGAN: Reito! Dropyn bach o wisgi ar ei ffordd.
JOHN: Ma' wisgi yn neud lles ofnadw' i fi.
MEGAN: Odi! Odi! Reito! Fe gewch chi ddropyn mawr.
JOHN: Ydy *Western Mail* wedi dod heddi?
MEGAN: Nagyw, dim eto. Dydy Jac ddim wedi ca'l amser i fynd i'r shop eto, ma' fe wedi bod yn fisi iawn bore 'ma.
JOHN: Be' sy mla'n heddi' te?
MEGAN: Ma' fe wedi bod yn fisi ar ôl godro achos fe ddaeth... yyy (Megan yn methu siarad yn blaen o hyn ymlaen o gofio am y gwerthu a.y.b. Yr hyn mae hi yn ddweud yn hollol annealladwy i John y gwas)
JOHN: Mh!

MEGAN: Ma' Mr Thomas yr ocsiwnier wedi bod yma yn gweld y cwbwl heddi'... Ma'r cyfan wedi dod i ben arnom ni yma!
JOHN: Be' sy'n bod? Chi'n sâl?
MEGAN: Mae'n waeth na bod yn sâl, ma' hyn yn boen meddwl lan fan hyn.
JOHN: Eich pen chi'n dost odi fe?
MEGAN: Saith cenhedlaeth ac mae'r cwbwl ar ben.
JOHN: Chi ise i fi ffono'r doctor neu mo'yn asprin neu rywbeth i chi?
MEGAN: (yn tynnu ei hun at ei gilydd yn sydyn) O! mae'n ddrwg gen i John, steddwch i lawr fe a i wneud te i chi nawr.

Ar hyn fe ddaw Jac a Mr Thomas i mewn.

MEGAN: O! ry' chi 'nôl.
JAC: Mr Thomas heb weld y bathroom.
MR THOMAS: Ie, O! bore da (wrth y gwas) dim ond un cip fach achos roedd y gŵr bonheddig yma yna gynne fach, eich tad ife?
MEGAN: O! Nage, y gwas yw John, Mr Thomas.
JOHN: Helo.
MR THOMAS: (wrth Jac) Tipyn o oedran ar y gwas, Mr Williams.
JAC: O! fuodd e ddim erioed yn ifanc.
MEGAN: Mr Thomas! Ma' yna un peth arall i fi a Jac ise gweud wrtho chi, yn do'se Jac.
JAC: Ose? Beth?
MEGAN: Wel gan fod hi wedi dod yn rhaid i ni werthu Cyfer Bach, 'y ni am iddo gael ei werthu i Gymry Cymraeg, yn d'yn ni Jac.
JAC: O! odyn odyn.
MEGAN: Dydyn ni ddim am werthu Cyfer Bach i Sais, ta faint wneith e gynnig, yn nag y' ni Jac.
JAC Wel felna 'y ni yn gweud nawr te beth, heblaw bod dim un Cymro yn dod mla'n yntefe.
MR THOMAS: Nawr, odych chi yn sylweddoli beth y chi yn ei wneud! Cofiwch chi fe all hyn olygu y bydd rhaid i chi werthu tipyn rhatach.
MEGAN: O! sdim ots 'da ni. Ni am weld Cyfer Bach mewn dwylo Cymreig ar ôl ewn ni o ma.

MR THOMAS: Cofiwch chi nawr, mae'n wlad rydd a mae'r un hawl gyda Sais i brynu y lle yma a sydd gyda chi i riteirio a prynu tŷ yn Llundain.

MEGAN: Ych a fi! Dy'n ni ddim ise prynu tŷ yn Llundain... alla i ddim meddwl am waeth lle i riteirio.

MR THOMAS: Ie! Wel! Siarad yn hypothetical own i.

MEGAN: Sdim gwahaniaeth gen i sut o' chi'n siarad. Ry' ni yn mo'yn gwerthu Cyfer Bach i Gymro a ma' Jac yn cytuno â fi... yn dwyt ti Jac.

JAC: Odw! Odw! Sai'n mo'yn prynu tŷ yn Llundain ta beth.

MR THOMAS: Nawr rwy'n cyfri fy hunan yn gystal Cymro ag unrhyw un arall pan ddaw hi at... Wel! pan ddaw hi yn gwestiwn o...

JAC: Yn gwestiwn o arian y'chi yn drio gweud yn te fe.

MR THOMAS: Nage pan ddaw hi yn gwestiwn o fusnes. Ma rhaid i ni, arwerthwyr fod yn hyblyg a ma'n rhaid i ni drafod pob cwsmer yr un peth, yn Gymro, Sais neu un s'yn dod o Tseina o ran hynny.

JAC: Ie! Ie! ni yn gweld eich point chi Mr Thomas a mae e yn mynd i fod yn golled ariannol i chithe hefyd os werthwn ni yn rhatach i Gymro.

MR THOMAS: Gwrandewch! Dim meddwl am yn hunan 'own i o gwbwl, meddwl amdano chi ydw i. Ry' chi wedi gweithio oes yma i greu Gardd Eden o fferm a mae e ddim ond yn iawn i chi gael y pris gore am eich gwaith caled.

MEGAN: Y' chi wedi taro yr hoelen ar ei phen Mr Thomas, ydy ma Cyfer Bach yn le taclus iawn gyda ni a dyna pam dydyn ni ddim am weld rhyw hen Sais yn dod yma i racso fe lan yn yfflon a troi'r ardd Eden fach yma, yn eich geiriau chi, yn uffern ar y ddaear.

MR THOMAS: Wel dyna fe! Fe wna i fy ngore i ch,i gan obeithio y daw Cymro cyfoethog heibio.

JAC: Ie, dyna'r unig obeth sy da chi.

MR THOMAS: Wel! Ga' i gip ar y toilet 'na.

MEGAN: O! Sefwch am sbel, fi'n ofni bod John wedi mynd nôl 'na. (gweiddi ar John) John! Ydych chi yn toilet?

JOHN: Odw!
MEGAN: Fyddwch chi'n hir?
JOHN: Byddaf!
MEGAN: Fuodd e 'na am hanner awr gynne fach, ma' fe'n ca'l lot o drwbwl chi'n gw'bod.
MR THOMAS: O! popeth yn iawn, fe ro'wn ni lawr fod yna doilet a wash up bach ar lawr hefyd. A gyda llaw fe roddes i sein 'AR WERTH' lan ar dop y lôn ar y ffordd yma. Cyfnod fel hyn, ni ddim am i unrhyw gyfle basio fel petai. Wel! hwyl fawr i chi am nawr.
MEGAN: Dydd da.
JAC: Ddo i gyda chi i'r car a diolch i chi am bopeth nawr.
MR THOMAS: Popeth yn iawn, pleser. (yn mynd allan)
MEGAN: (yn eistedd lawr yn ddiflas) Wel! Ma ni te, 'y' ni... FOR SALE.

Daw John y gwas yn ôl i'r gegin.

MEGAN: Fuoch chi ddim yn hir wedyn.
JOHN: O! mae'n hopeles heddi, fi'n credu bydd rhaid i fi gael 'DYNA ROD' i symud pethe.
MEGAN: Mae'n rhaid i chi gael tipyn o Epsom Salts.
JOHN: O! Na! Ddim yn saff i fi gael hwnna gyda'r holl rheumatic yma sy gyda fi. Gofid sy'n hela fi fel hyn, Mrs Fach.
MEGAN: Gofid! Pa ofid sy arnoch chi bachan?
JOHN: Wel! yr holl sôn yma am werthu, chi'n symud, fydd rhaid i fi fynd i HOME nawr yn bydd e. (John yn llefen)
MEGAN: O! John bach, peidiwch â meddwl am bethe felna. Na fydd.

Daw Jac yn ôl.

JAC: Beth sy'n bod arno fe?... sâl?
MEGAN: Ypset ma fe, wedi dechre meddwl y bydd rhaid iddo fe fynd i HOME achos bod ni'n gwerthu.
JAC: Jiw jiw, p'idwch becso am hynny, ma HOMES bach neis i ga'l nawr.

MEGAN: Jac, bachan! Be y' chi'n siarad ambwyti? Fydd dim rhaid i chi fynd i home o gwbwl.

JAC: Ma' Wil Tynberllan wrth ei fodd yn Golygfa.

MEGAN: Wel! Edrych ble o'dd e cyn hynny, starfo wrth 'i hunan yn y tŷ sinc yna.

JOHN: Ond fydda i dda i ddim i chi ar ôl i chi werthu a mynd o 'ma.

Megan yn edrych ar Jac.

JAC: 'Yw e dda i ddim i ni nawr.

JOHN: E?

JAC: Cewch i wisgo 'ch cot a dewch am wâc fach lawr i'r pentre gyda fi a Megan 'y ni yn mynd i siopa.

MEGAN: Ie, allwch chi godi eich pension, dewch mla'n.

JOHN: Reit te.

Y tri yn mynd.

DIWEDD YR OLYGFA

GOLYGFA 2

Clywir clindarddach yn y cefn a sŵn y tri yn siarad. John, y gwas wedi meddwi, Jac a Megan yn ei ddrago fe mewn wrth ei freichiau.

MEGAN: 'Wy'n ffaelu deall pam na fydde ti Jac wedi gofalu ar ei ôl e yn lle ei ad'el i fynd i'r White Horse i yfed.

JAC: Shwt o' n i wybod bod e'n mynd i'r White Horse? A'th e mewn drwy'r drws cefen!! Es i i'r Co-op i mo'yn bwyd cŵn a wedodd e wrtha i bod e'n mynd i godi benison. Dydy e ddim arfer meddwi fel hyn.

MEGAN: Ma fe wedi ypseto heddi fel ni gyd.

JOHN: 'Wy'n eitha reit, gadewch fi'n rhydd, alla i sefyll ar dra'd yn hunan, sa'i mor wael â na eto, Alla i sefyll ar dra'd fy hunan!!!! (erbyn hyn mae e'n rhydd o'i gafael ac yn cymryd cam neu ddau cyn cwympo yn fflat ar ei drwyn... Jac a Megan yn edrych ar ei gilydd).

MEGAN: (yn mynd ato) Na fe 'na be' sy'n dod o fynd i'r White Horse a yfed gormod yn y bore.

JOHN: O! Brenda! Ti'n bert, O! ti'n bert.

MEGAN: Brenda! Pwy yw Brenda?

JAC: Brenda yw barmaid y White Horse.

MEGAN: O! 'wyt tithe yn 'i nabod hi.

JAC: Wel! Wel! 'wy wedi gweld hi pan fydda i yn...

MEGAN: Yn mynd i ga'l peint 'na.

JAC: Ie! a mynd i mo'yn hwn weithe.

JOHN: Ma Brenda yn bert.

MEGAN: Odi hi?

JAC: Beth?

MEGAN: Yn bert, bachan?

JAC: Wel, odi, mae fel ma barmeds, ti'n gw'bod, ond ma' hi'n tynnu mla'n, ma hi tua 60 siŵr o fod. Dere i fi ga'l mynd â hwn i'r gwely o ffordd. (Jac yn mynd â John i'r llofft. John, y gwas yn dweud ei fod am fynd i'r tŷ bach a.y.b. Megan yn teidio... a llais i'w glywed o'r tu fas)

ARCHIE: Oes bobol 'ma? (fe ddaw mewn yn cario sein FOR SALE)
Ew! Megan sut mae'n edrych 'ma? Edrych ar hwn.
MEGAN: Be ti'n 'neud â hwnna?
ARCHIE: Ti'n gw'bod ble ffeindies i hwn? Ar ben y lôn, wedi stico ar ben eich clawdd chi. Ma ise gwaith ar rai bobol. Fi'n lico jôc gystal ag unrhyw un ond sa i'n credu fod rhoi rhywbeth fel hyn ar ben lôn neb yn beth neis. Gwed di fyno ti Megan, ma idiots i ga'l wir.
MEGAN: Ti'n eitha reit Archie. Ma idiots i gael a ma un yn sefyll o 'mlaen i nawr.
ARCHIE: Beth ti'n feddwl?
MEGAN: Wel! Darllen e eto.
ARCHIE: E?
MEGAN: Y SEIN BACHAN!!! Darllen e!
ARCHIE: Thomas, Thomas and Thomas. For sale a 170 acer mixed farm known as CYFER BACH... ond jôc yw e... ife?
MEGAN: (yn siglo ei phen) Nage Archie dim jôc yw e, y bore 'ma gath e ei roi lan gyda Mr Thomas.
ARCHIE: Chi'n mynd o'ma te?
MEGAN: Wel! Os werthwn ni, dwi ddim yn gweld ni yn rhannu tŷ gyda bobol dierth.
ARCHIE: Rwy'n teimlo'n reit ffŵl yn dala hwn fan hyn.
MEGAN: Af i ddim i ddadle â ti fan'na.

Archie yn eistedd gyda Megan yn dal y sein.

ARCHIE: Y' chi'n riteirio yn ifanc i gymharu â fel ma lot o ffermwyr.
MEGAN: Wel! Man a man i ni, sdim point i ni slafo yn hunen i'r bedd, a dydy iechyd Jac ddim wedi bod yn dda wedi yr hen lwch gwair na, a man a man i ni enjoio tipyn bach tra allwn ni. Wel, dyna beth i ni yn trio weud wrth ein hunen, achos does neb i ddod ar ein holau ni.
ARCHIE: Ie, trueni na se chi wedi cael plant. Ond fel 'na ma' hi, gormod o blant yn Affrica a chithe heb ddim un.
MEGAN: Mm, fe fydde hi wedi bod yn neis 'ma, saith cenhedlaeth o fy nheulu i wedi bod yn ffermio yma.

ARCHIE: Ie! Saith cenhedlaeth... na chi sbelen go lew o'r un teulu, ond fel'na fuodd hi a fel'na mae hi. 'O' chi wedi trio eich gore shwr o fod?

MEGAN: Trio beth?

ARCHIE: Cael plant wy'n feddwl.

MEGAN: O! do, do wrth gwrs, ond odd dim yn rong arna i cofia!

ARCHIE: So, ti'n gweud mai Jac oedd a'r broblem, ife?

MEGAN: Fuom ni 'n gweld doctor blynydde mawr yn ôl, a fe 'wedon nhw bod Jac dipyn bach yn... wel!... Ti'n gwybod... yn be – chi'n – galw.

ARCHIE: O! bach yn be–chi'n–galw o'dd e. O! wel na fe falle bod chi yn eitha lwcus. Edrych ar Wil Cefn Coch, dau fab 'da fe a beth ma' nhw'n neud?... un yn cwiro watches a'r llall ar y dôl, yn lladd amser.

MEGAN: Dyna fe, fel'na o'dd hi a ma'n rhaid derbyn y drefen er mae'n anodd iawn gen i feddwl am fynd o 'ma.

ARCHIE: Ie! Wel! Fel mae'r hen ddywediad yn dweud... aderyn a fegir yn uffern, yn uffern fyn e fod.

MEGAN: Be ti'n trio ddweud bachan?

ARCHIE: O! dim byd, o'n i ddim yn 'i feddwl e'n llythrennol, achos, wel, dydy Cyfer Bach ddim yn uffern o bell ffordd. I 'weud y gwir y' chi wedi creu nefoedd o le yma i chi'ch dau. Ma' hynny'n neud pethe'n wa'th mewn ffordd achos wel, se fe yn uffern, fydde yn rhwyddach i adel y lle. Ond wedyn deryn a fegir yn uffern, yn uffern fyn e fod, os wyt ti'n deall beth sy 'da fi.

MEGAN: Odw, Odw, gad hi nawr.

Daw Jac lawr o'r llofft.

ARCHIE: Jac achan! Shwt wyt ti?

JAC: Archie! shwt wyt ti heddi? Beth ma'r sein 'na'n neud fan hyn?

MEGAN: O! Archie ddaeth ag e lawr.

JAC: Ar ben lôn ma hwn i fod bachan, dim fan hyn.

MEGAN: 'Odd e'n meddwl bod rhywun wedi bod yn whare tric â ni.

JAC: Ma dy freins di Archie yn gweithio o chwith i bawb arall.
ARCHIE: Ie, ond cofia Jac, do'n ni ddim wedi clywed gair yn unman bo chi yn meddwl gwerthu, mae'r cwbwl mor sydyn.
JAC: Odi, mae e bownd o fod yn sydyn cyn bo ti Archie heb glywed. (cnoc ar y drws) Pwy sy 'na nawr?

Megan yn mynd at y drws.

C. S.: Good Morning.
ARCHIE: Well i fi fynd, ma' fisitors 'da chi.
JAC: NA! NA! Sa ble wyt ti, falle gei di stori arall i fynd ar dy rownd.
MEGAN: Come in!... ma'r gŵr bonheddig yma ise'n gweld ni Jac.
C. S.: Good afternoon, may I introduce myself. I'm a retired Colonel, Colonel Simon Smithers and I've come about the farm. Mr and Mrs Williams? am I right?
MEGAN: O! yes, I'm Megan and this is Jac, my husband.
C. S.: Sbiffing to meet you.
MEGAN: And this is Archie, our postman.
C. S.: Funny postman... first time I've seen one for sale. Ha! Ha!
ARCHIE: Ie, Wel, 'wy off Jac... hwde, dim ond hwn sy 'da fi i ti heddi.
JAC: O! reit diolch i ti.
ARCHIE: (yn dawel) A Jac, sgriwa'r eidon 'na am bob ceiniog sy 'da fe. (Jac yn gwenu... Archie yn mynd a gweiddi wrth fynd) Hwyl Megan!
C. S.: Wel! Now then let me make clear my business here. I've come about the farm. I came up this morning with the estate agent but you were not here.
MEGAN: O! yes, we went shopping this morning.
C. S.: Wel! We had a good look around and I must admit you have a sbiffing good little holding here.
JAC: Well! It's as it is, you know.
C. S.: Although the fields are rather small compared to where I come from.
MEGAN: And where is thet then?
C. S.: Oh! Suffolk, Do you know Suffolk at all?

JAC: Wel I know a lot of rams from there.

C. S.: O! yes, very good, I'm sure you do, I've retired from the army you see and not too old to do something else, the children have left home, so my wife and I decided after we sold our ten acre lodge, why not buy a little Welsh farm to keep us occupied, you know what they say 'the devil finds work for idle hands'.

JAC: Well! You wont be idle here, there's a lot of hard work to do on a farm.

C. S.: I don't intend to kill myself working... O! no, I want a farm so that I can enjoy the countryside, fill my lungs with fresh air every morning, you see I get a good pension from the army Index Link, and all that, so I can farm as I like. Some pedigree Suffolk sheep maybe, some horses for the grandchildren.

JAC: I'll tell you one thing there's no money in horses. Horses are a dead loss. They eat their heads off, if you ask me.

C. S.: Pardon me, but I'm not asking you, what I am asking is this. You want to sell? I want to buy so let's get down to business.

JAC: Ma' hast ar hwn Megan.

MEGAN: Well, Mr Smothers.

C. S.: No it's Smithers not Smothers. You can call me Colonel Smithers.

MEGAN: O! so sorry, Well! Colonel Smithers there is one problem.

C. S.: O! and what is that?

MEGAN: As you see, Jac and I are Welsh speaking and we would like to sell CYFER BACH to a Welsh family to keep the traditions going.

C. S.: O! I see, the Welsh problem, as we call it and I agree with you all the way. Now if you want to sell the farm to someone with Welsh blood running through his veins and speaking the language, well! Then I'm your man, you see my great grandfather was born and bred in Ceredigion.

MEGAN: And where was that then?

C. S.: O! a little village near Aberystwyth called Pinryn coke, do you know it?

MEGAN: Y? Pinryncoke?
JAC: O! Penrhyncoch ma'r twpsyn yn feddwl. (y ddau yn edrych bron chwerthin ar ei gilydd)
C. S.: And I have started to learn Welsh last week, what about this now then? Bwre Da.
MEGAN: O! yes bore da.
C. S.: Dioc yn fower. (y ddau yn ceisio gwenu yn boleit arno) And meia mocyn yn y twc. So you see I have Welsh blood running through my veins and speaking Welsh is only a matter of time and if we do come here to live the wife and I intend to throw ourselves into everything that is Welsh.
JAC: Well! I only hope they don't throw you back.

C.S yn edrych yn gas.

MEGAN: Oh! He's only jocking... Jac! bachan! Hisht a dere yma!

Jac yn mynd at Megan.

MEGAN: I'd like to have a word with my husband.
C. S.: O! yes carry on.
MEGAN: Ie! wel be ti'n feddwl?
JAC: Wel tebyg i hwnna sy da ni yn ca dan tŷ.
MEGAN: Beth?
JAC: Hwrdd arall o Suffolk, se ti'n holi fi.
MEGAN: Ond ma' fe'n ddyn eitha bonheddig (C.S yn trio gwrando) a sdim dowt ma' arian 'da fe.
JAC: Wel! Ma' lot o arian yn 'i siarad e.
MEGAN: A ma' gwa'd Cymro ynddo fe.
JAC: Dim lot yn 'i dafod e eto.
MEGAN: Ie, ond whare teg.
JAC: Fe weden i bod ti yn fodlon gwerthu iddo fe 'te?
MEGAN: Falle na chewn ni gynnig arall reit. Ŷn ni yn gofyn naw can mil, fel wedodd Mr Thomas.
JAC: O! Na! Wy'n gofyn am filiwn i ddechre.

MEGAN: O! ma' fe'n ormod.
JAC: Falle bod e ond mae'n rhwyddach hocan e am lai na trio i hocane am fwy.
MEGAN: O! rhyngddo ti a dy gawl.
JAC: Wel! As you said before, we are ready to sell and you want to buy.
MEGAN: And we think that you are a very nice man.
C. S.: It costs nothing to be nice Mrs Williams, so what is your asking price?
JAC: CYFER BACH is a good farm and we think we should have a million for it.
C. S.: Wel! I think you are honest people, I'll offer you... nine hundred and fifty thousand if you throw the tractor in the bargain.
JAC: E!... nine fifty!!
C. S.: Yes nine fifty and the tractor, what about it? (C.S a'i law allan i daro bargen)
JAC: (mewn penbleth) Be na i Megan?
MEGAN: O! gwerthu, a twli y trailer gyda fe.
JAC: (bwrw ei law) Done!
C. S.: Sbiffing, good show. (gyda gwên fawr)

DIWEDD GOLYGFA

GOLYGFA 3

Megan yn cario cwpaned o de i'r ford. Newid ei brat i edrych yn deidi erbyn y sêl. Daw Jac mewn a golwg ofidus arno.

MEGAN: Shwt y' chi'n dod 'mla'n? Odi popeth yn mynd i fod yn barod erbyn unarddeg?

JAC: (eistedd a thanio ei bibell) Paid â siarad â fi. 'Wy wedi gorfod gad'el y bois wrthi i farco y gwarthweg.

MEGAN: Pam? Wyt ti'n sâl neu rywbeth?

JAC: O! Waeth na hynny Megan fach. O'n i yn teimlo mor euog wrth edrych yn llyged y gwarthweg na a'r hen fuwch goch, ro'dd honno wedi s'pecto bod rhywbeth mla'n yma heddi'. 'Wy'n gweud y gwir wrtho ti, 'odd dagre yn 'i llyged hi, o'dd wir! Peth ofnadw' yw gorfod neud sêl.

MEGAN: Sdim ise i ti weud wrtha i Jac bach. 'Wy wedi ffaelu mynd â bwyd i Fflei, yr ast fach heddi, achos 'wy'n gw'bod fe lefen o'i bla'n hi.

JAC: O! paid â becso am Fflei achos fe benderfynes i gynne fach nag yw hi yn mynd i gael ei gwerthu. Fe fydde hi'n greulon ofnadw' i ni werthu Fflei... mae hi wedi bod yn hen ast fach rhy ffyddlon i ni.

MEGAN: Ond be' wnawn ni â hi mewn tŷ preifat yn y dre?

JAC: Wel! Ei chadw hi wrth gwrs, a weda i un peth arall wrtho ti, se fi'n gw'bod allen ni gael tŷ a chae bach gyda fe, fe gadwen i yr hen fuwch goch hefyd a Shani'r hwch.

MEGAN: O! Na! Allen ni byth cadw Shani'r hwch, neu man a man i ni aros yma.

Daw John y gwas i mewn.

JOHN: Bos! Bos! Ma' fan y caterers wedi cyrra'dd. Ble ma fe fod i barco ac agor ei stondin?

JAC: E? O! Rho fe ar bwys wal y domen. A weda i wrtho ti, os na fydd 'i fwyd e yn well nag arfer, fan'ny fydd 'i hanner e.

JOHN: Reit! Weda i wrtho fe fel wedo chi. (John yn mynd)
ARCHIE: Helo 'ma! Ble mae'r bobol bwysig 'ma heddi?
MEGAN: O! Archie bachan, shwt wyt ti.
ARCHIE: Wel! Ma' golwg ddigalon ofnadw' arnoch chi.
JOHN: Sut wyt ti'n disgwyl i fi deimlo gyda popeth rwy'n berchen yn mynd dan y morthwyl heddi?
ARCHIE: Ond ma rhaid i ti edrych ar yr ochr ole. Erbyn heno chi'ch dau fydd y bobol cyfoethoca yn yr ardal.
JAC: Archie bach! Beth yw arian i gymharu â beth fyddwn ni'n ei golli heddi. Ma' popeth ni wedi weithio amdano yn mynd o'n gaf'el ni mewn mater o funudau.
MEGAN: O! Ma' Jac yn teimlo'n wa'th na fi heddi Archie bach... rwy' wedi derbyn y peth i radde.
ARCHIE: Jac! Jac! Fe fydd pethe'n edrych yn wahanol iawn yfory, fe gei di weld Jac bach.
JAC: Yn wahanol? Ti'n iawn... pobman yn wag... ych a fi!
ARCHIE: Wel! Rwy'n mynd nawr, dwy' ddim yn sefyll heddi achos rwy'n gobeithio benu'n gynnar heddi i ga'l dod 'nôl i'r sêl, un peth sy 'da fi heddi i chi. (rhoi *Farming News* iddo)
JAC: Dim lot o boint i ti ddod â hwn i fi heddi Archie... Fydd dim lot o ise *Farming News* arna i ragor.
ARCHIE: Wel o leia, fe fydd amser gen ti 'i ddarllen e nawr.

Cnoc ar y drws.

MEGAN: Pwy sy 'na nawr 'to? (Megan yn mynd i weld) Dewch mewn. (daw Gareth mewn)
GARETH: Bore da! Shwt y' chi?
JAC: O! weddol, y' chi'n rywun gyda'r sêl?
GARETH: Na, dod i'ch gweld chi ydw i.
MEGAN: Wel! Mae'n eitha bisi yma heddi, fel y' chi'n gweld tu fas.
ARCHIE: Ie! Wel! Mae'n well i fi fynd yn d'yw e.
MEGAN: Wel! Odi, os wyt ti ise dod 'nôl.
MEGAN: Hwyl Archie bach! (yn troi at Gareth) Wel! Eisteddwch ta beth.
GARETH: Diolch.

JAC: Wel! D'wy ddim yn gw'bod pwy y'chi, ond os ma selsman y'chi, ma'n ddrwg gen i weud wrtho chi... chi'n too late!... erbyn fory fydd dim ise dim arna i ond bwyd cŵn a tablets at depression.

GARETH: Na! Dim selsman... ddim yn gwerthu dim, Gareth Davies yw'r enw a rwy'n dod o Lanelli.

MEGAN: O! A beth sy'n dod a chi i fan hyn te?

GARETH: Chwilio perthynas ydw i a dweud y gwir.

MEGAN: O! Wel! Pwy te? Ry'ni'n nabod tipyn o bawb ffordd hyn. Perthyn yn agos i chi?

GARETH: Ymm! Odi, mewn ffordd, ma' fe'n dad i fi.

MEGAN: Yn dad i chi!!!! Beth yw ei enw fe te?

GARETH: Wel! Sai'n siŵr sut i weud wrtho chi, ond blynydde yn ôl ro'dd e yn cael ei adnabod fel Jac Jones yr Hendre.

MEGAN: Jac Jones yr Hen... (yn methu gorffen y gair wrth sylweddoli) Jac wyt ti'n sylweddoli beth ma' hwn newydd 'i weud?

JAC: Well! Odw! Ma, ma fe, ma fe...

MEGAN: Ma fe newydd honni mai ti yw 'i dad e!... A pha sail neu brawf sy gyda chi i weud y fath beth am y 'ngŵr i?

GARETH: Wel! Mam! Wrth gwrs, chi'n gweld, 'odd Mam ddim wedi sôn llawer am fy nhad erioed nes a'th hi'n wael llynedd a chyn iddi farw, fe wedodd hi wrtha i mai Jac Jones yr Hendre gynt o'dd 'y 'nhad i ac ar ôl colli Mam 'own i yn teimlo y licen i ddod i nabod fy nhad.

MEGAN: A pwy o'dd eich mam te?

GARETH: Beti Davies... Bet Pantisaf 'o'dd hi pan 'o'dd hi'n byw ffordd hyn.

MEGAN: Reit!! O' ti Jac yn nabod 'i fam te?

JAC: Jiw! Jiw! 'O'n wrth gwrs, allen i ddim p'ido. O'dd hi'n gweithio drws nesa i fi fel morw'n yn Pant Isaf.

MEGAN: A... Fuoch chi'n gariadon te?

JAC: Jiw! Jiw! Na ddo... Wel!... fues i'n fflyrtan tipyn 'da hi... o'dd hi'n groten bert.

MEGAN: Jac!!!! Os neb wedi cael babi wrth fflyrtan erioed.

JAC: Na fe te! 'Wy'n cofio'r sôn bod hi wedi gad'el yn sydyn.
GARETH: Aeth hi 'nôl at Mam-gu i Tonypandy.
JAC: Glywes i bod hi wedi ca'l babi ond 'own i wedi anghofio y cwbwl erbyn nawr.
MEGAN: Wel Jac!! Dyma fe! Y babi wnes di anghofio! Slabyn o fabi i'w anghofio yn d' yw e!
JAC: Ond dim fi yw ei dad e!
MEGAN: Pwy te?
JAC: Wel! Ro'dd lot o hen siarad a gosip ar hyd y lle amser hynny, ond doedd neb yn siŵr.
GARETH: Y peth dwetha ddwedodd Mam wrtha i cyn iddi farw oedd: 'Cofia di Jac Jones yr Hendre yw dy dad di a dyle ti fynd i chwilio amdano fe.'
MEGAN: Wel! 'y' chi wedi ei ffeindio fe.
JAC: Ond!
MEGAN: O! 'Ma beth yw cawl! Ydych chi'n sylweddoli ein bod ni'n gwerthu lan heddi? Ma' sêl yma. Bydd y cwbwl yn mynd dan y morthwl ymhen deg munud a nawr dyma chi yn troi lan a dweud bod chi'n fab i hwn a hwn ddim yn cofio beth ddigwyddodd.
JAC: Ffarmwr y' chi?
GARETH: Nage! Ond licen i ffarmo ond gweithio fel dyn A.I. ydw i nawr. Tarw Botel!!

Daw John y gwas i mewn.

JOHN: Wel! Na fi wedi gorffen fy ngwaith... 'wy off nawr.
JAC: Off i ble bachan?
JOHN: Falle bydd hwn yn dipyn o sioc i chi.
MEGAN: Mas ag e! Ma' hi'n ddiwrnod y siocs yma heddi.
JOHN: 'Wy'n mynd i briodi heddi... y pnawn yma!
JAC: Priodi! Wedes ti? Priodi â pwy?
JOHN: Blodwen y Red Cow. Ma' rhaid i fi fynd i baco. Ma' hi'n pigo fi lan mewn cwarter awr. (John yn mynd lan llofft)
MEGAN: Plis! Wneith rywun weud wrtha i mai hunlle yw'r cyfan. Beth sy'n bod ar bawb heddi?

GARETH: Priodi â Blodwen y Red Cow. Ma' fe'n swnio fel se fe'n mynd i briodi â buwch.
MEGAN: Dyna'r gwir mwyaf y'chi wedi gweud heddi.
JAC: Ti'n meddwl ddylen i drio 'i stopo fe?
MEGAN: Na gad e fod, ma' gyda ti ddigon o botch dy hunen fan hyn heddi.

Daw Thomas yr arwerthwr i mewn.

MR THOMAS: Wel! Bore da! Shwt y'chi heddiw? Wel dyna ni pum munud i fynd, mae'r haul yn gwenu a ma' llond ca' o bobol yma. 'Wy'n credo bod ni'n mynd i gael sêl y bydd lot o sôn amdani.
MEGAN: Chi'n iawn, fe fydd sôn amdani... achos... y'ni'n mynd i'w chanslo hi nawr.
MR THOMAS: Beth 'wedo' chi?
MEGAN: Ry' ni'n ei chanslo hi... yn ydyn ni Jac?
JAC: (yn geg agored) Odyn ni?... O!... Odyn!... Odyn!
MR THOMAS: Drychwch! Mae'n ddiwrnod emosiynol i chi a...
MEGAN: Gwrandwch!... Ry'n ni'n canslo'r sêl.
MR THOMAS: Ond pam?
MEGAN: Pam!... Wel!... Achos bo' ni'n mynd mewn am joint-farming gyda'r bachgen ifanc yma... yndefe Jac?
JAC: Odyn ni?... O! odyn... Odyn!
MR THOMAS: Mae'r joint-farming yma'n fusnes risgi cofiwch! A pwy y'chi te?
GARETH: O! Gareth Davies yw'r enw, fi'n dod o Llanelli.
MR THOMAS: Wel! Ydych chi'n ffarmo nawr te?
GARETH: Na! Ond ma' diddordeb gyda fi.
MEGAN: A ma' dy dad yn ffarmo yn dydy e. (edrych ar Gareth wrth ddweud hyn)
GARETH: O! O! O! Ody! Small holding.
MR THOMAS: Beth yw eich gwaith chi nawr te?
GARETH: Tarw Botel.
MEGAN: Dyn A.I. yw e.

JAC:	Mae e'n dipyn o foi gyda'r buwchod.
MEGAN:	O! ca di dy geg, 'sda ti ddim byd i ddweud.
MR THOMAS:	O! Wel! Eich busnes chi yw e ond dyfaru wnewch chi.
MEGAN:	Reit! Chi neu ni sy 'n cyhoeddi i bawb fod y sêl yn cael ei chanslo?
MR THOMAS:	Hy! P'idwch gofyn i fi wneud e... eich busnes chi yw e... chi wedi g'neud digon o ffŵl ohona i yn barod.
JAC:	P'idwch becso fe gewch chi'ch talu am y'ch trwbwl.
MEGAN:	Reit! Dere Jac! Ti yw'r bos.
JAC:	Ife? Ma' tro cynta i bopeth.
MEGAN:	Sefwch chi Gareth fan hyn. Reit mas â ni.

Megan, John a Mr Thomas yn mynd... Gareth ar ôl ar ben ei hunan yn edrych o gwmpas... daw John, y gwas o'r llofft gyda'i gês dillad.

GARETH:	(edrych ar John wrth ddweud) Chi off te?
JOHN:	Odw... ma' na fenyw bert iawn yn disgwyl amdana i ar y clôs yna.
GARETH:	Wel! Priodas dda i chi.
JOHN:	Diolch! Fe wna i 'ngore. Ma' hi wedi cymryd blynydde i fi 'i chael hi i fan hyn. Gyda llaw, pwy y'chi te?
GARETH:	O! Gareth o Lanelli ydw i.
JOHN:	Be' sy'n dod â chi ffordd hyn te?
GARETH:	Busnes i sorto mas.
JOHN:	Chi'n sôn bo' chi'n dod o Lanelli... Fi'n cofio merch o Lanelli yn forwn yn Pant Isaf, Beti Davies oedd ei henw hi.
GARETH:	Beti Davies oedd fy mam i.
JOHN:	Bachgen! Bachgen! Ti'n fab i Beti Pant Isaf... ti yw ei mab hi?
GARETH:	Ie! Ie! na chi.
JOHN:	Wel! Wel! Shwt mae hi'n cadw? Ew! roedd dy fam yn dipyn o haden! Cofia fi ati'n gynnes.
GARETH:	Fuodd hi farw llynedd.
JOHN:	O! Yn ddrwg gen i glywed, chlywes i ddim, hen groten neis o'dd dy fam. Chlywest ti ddim ohoni yn sôn erioed am Jac Jones neu Jac yr Hendre, do fe?
GARETH:	Do.

JOHN: Wel! Fi oedd hwnnw ti'n gweld.

GARETH: (mewn sioc) Ond, ond fe, y bos o'dd Jac Jones yr Hendre! yntefe.

JOHN: Nawr gwranda di, ti'n gweld, ro'dd y ddau ohonom yr amser hynny yn weision yn yr Hendre, a'r ddau ohonom â'r un enw, dau Jac ti'n gweld. Ond wedyn pan briododd e Jac a Megan a dod i'r fferm yma. Fe ddes i yn was atyn nhw yma mewn blynydde wedyn, a nawr John, ti'n gweld, ma' hi Megan wedi ngalw i o'r dechre yn lle cymysgu lan. Wel! achos do's dim yn wa'th na cha'l dau Jac o dan yr un to.

GARETH: Ie! Ond fe Jac Jones eich bos chi, 'o'dd Mam yn nabod yn te fe?

JOHN: Wel! Weda i fel hyn. O'r ddau ohono' ni, 'wy'n credu mai fi o'dd dy fam yn 'i nabod ore. (yn rhoi winc fach wrth ddweud hyn ac edrych ar ei wats) Neis cwrdd â ti, gwranda ma'n rhaid i fi fynd achos mae Brenda, my one and only yn aros i fi ar y clôs. Hwyl i ti! (John yn rhuthro mas)

GARETH: Ie! Na! Sefwch ma... (wynebu'r gynilleidfa a dal ei wyneb yn ei ddwylo) O! Na! Ma beth yw cawl!

Y DIWEDD

NYTH CACWN

COMEDI UN ACT

gan

Ifan Gruffydd Jones

ADDASIAD O BENNOD O GYFRES DELEDU GAN
IFAN GRUFFYDD AC EUROS LEWIS

NYTH CACWN

GOLYGFA: Yn y gegin

CYMERIADAU:

Mam (Gwyneth)	Gwraig weddw, miniog ei thafod
Wiliam	Y gwas ifanc, crwt yn ei gyfer, cegog
Delyth	Merch ifanc y ffarm, yn rhwystredig am lawer o bethau
Einon	Yr hen was drygionus, yn dal i fyw gyda'r teulu
Herbert	Cymydog a snob sydd a'i lygad ar mam a'r ffarm
Henri	Cariad Delyth, tipyn o fabi mami
Twm Post	Dyn busneslyd iawn
Lynda	Merch ifanc, orsiaradus, cariad Wiliam am un noson
Cariad Einon	Gwraig ganol oed, yn gwisgo llawer yn rhy ifanc am ei hoed

GOLYGFA 1 – YN Y GEGIN

Clywir fan bost yn cyrraedd clos Nyth Cacwn, gwelir Einon yn edrych ar ei wats a daw Twm Post i mewn i'r gegin.

TWM POST: Bore da Einon.
EINON: Twm, shwt ma'i, fe ddes di mewn amser da. Ma' nhw lan lofft i gyd yn paratoi.
TWM POST: Paratoi i beth?
EINON: O ma' nhw 'n mynd bant i gyd 'na heddi i rywle.
TWM POST: Fi'n gweld.

Einon yn tynnu dau neu dri bocsed o wye o boced fawr sydd ganddo yn leining ei got fawr.

EINON: Reit rho'r wye 'ma yn dy fag gloi.
TWM POST: Ti'n mynd i ddod i drwbwl rhywbryd os daw hi misus i wybod am y gwerthu wye slei ma.
EINON: Ithe ti Twm i fwy o drwbwl se'r Cwin yn dod i wybod bo ti'n gwerthu nhw drosto fi.
TWM POST: Falle, ond sai'n credu welwn ni hi ffor hyn byth.
EINON: Nawrte, dere ag arian wythnos dwetha i fi.

Einon yn rhwbio ei ddwylo.

TWM POST: Ie. Reit. Ma arna i bumpunt i ti ond o's e?
EINON: Na, ma' arna ti chwe phunt i fi.
TWM POST: Ose?
EINON: Os.

Twm yn chwilio ei bocedi am yr arian.

TWM POST: Co, na bumpunt a chweugain i ti a dim rhagor.
EINON: Ond beth am y chweugain arall?
TWM POST: Wel, ma hwnnw'n mynd am y postage.
EINON: Sa i'n talu postage.

TWM POST: Na, ond fan y cwin sy'n cario dy wyau di, a sdim hawl 'da
fi gario dim am ddim ynddi.
Reit ble ma' nhw 'da ti?

Einon yn pwdu.

EINON: E?
TWM POST: Y ffags. Ti 'di addo paced o ffags i fi am werthu rhain i ti.
EINON: O ie, hwde.

Tynnu paced o ddeg iddo.

TWM POST: Beth yw hwn, ges i baced o ugen gen ti wythnos dwetha.

Twm yn peswch.

EINON: Wel, feddylies i fod deg yn well i dy iechyd di. Reit rhaid i fi
fynd nawr. R'un amser wythnos nesa... O, ie gwaedda 'helo
oes rhywun adre', ar waelod y star fel se ti newydd ddod
mewn.

Einon yn mynd allan yn gloi, a Twm yn gweiddi.

TWM POST: Helo! Rhywun adre, helo!

Mam yn dod lawr o'r llofft i'r gegin.

MAM: Twm shwt wyt ti heddi?
TWM POST: O, sdim ise i fi achwyn heddi eto, heblaw am yr holl law
'ma.
MAM: Ych-a-fi, 'os dim diwedd arno fe.
TWM POST: Fi'n ffili deall pam bod hi mor 'lyb – odych chi?
MAM: Odw, Twm achos bod hi'n bwrw glaw.
TWM POST: O ie, eitha da. Ha! Ha!

Twm yn dechre peswch yn ofnadw a thynnu paced o ffags o'i boced
'run pryd. Erbyn hyn mae wedi cyrraedd at y tân a'i ben ôl at y Rayburn
neu beth bynnag.

MAM: Mae'n hen bryd i ti roi 'r gore i'r ffags na. Ma' nhw'n saff o dy ladd di.

TWM POST: Wel, ma' nhw wedi ffili 'to.

Peswch eto a rhoi'r ffags 'nôl yn ei boced.

MAM: Ti'n mo'yn paned o de cyn i fi glirio?

Mam yn glanhau y ford. Cydio yn y tebot.

TWM POST: Ew, na well i fi bido, ma' hast arna i.
MAM: Ti'n siŵr?
TWM POST: Odw wir, ma' hast arna i.

Peswch eto. Mam yn cydio yn y tebot i fynd.

MAM: Wel, do's dim lot o amser 'ma heddi achos y'n ni gyd yn paratoi i fynd bant heddi.

Mam yn mynd â'r tebot a mygs i'r cefen. Daw Delyth o'r llofft wedi gwisgo'n weddol.

DELYTH: Twm, shwt i chi? Ofnadw o 'lyb on dyw hi?

Mam yn dod yn ôl yn gloi.

TWM POST: Odi, Mae hon yn leuad 'lyb ch'wel.

Delyth yn mynd i stafell arall.

MAM: O, ers pryd wyt ti wedi bod dechre cario post lan f'yny te?

Chwerthin a pheswch.

TWM POST: Le ma' fe, Bili the Kid, heddi te?
MAM: O lan llofft yn paratoi.
TWM POST: Paratoi i beth te?
MAM: Wel, y briodas bachan. Ma fe'n best man heddi i'r partner na sy 'da fe, Rhodri.

TWM POST: Ie, ie – heddi mae e'n tefe. Tywydd gwael i briodi hefyd. Rhaid i fi weud ges i a Matilda ddiwrnod bendigedig i briodi.

Peswch eto.

MAM: Wedyn ddaeth y stormydd ife?
TWM POST: Ie, ie chi'n iawn. Mae wedi mellto tipyn ers hynny, a ma ambell un wedi bod yn eitha agos hefyd.

Ar hyn daw Wiliam lawr yn eitha prowd yn 'i siwt gyda chrys du a thei wen. Mae Mam a Twm yn edrych yn syn pan welan nhw fe.

WILIAM: Wel, beth y' chi'n feddwl? Na'i y tro?

Twm yn edrych ar Mam.

MAM: Neud tro, cerwch i newid gloi. Dim i gonsert y' chi'n mynd bachan.
WILIAM: Newid beth?
MAM: Wel y crys Jac Do 'na. Chi'n sylweddoli mai chi yw'r gwas priodas. Chewch chi ddim mynd mewn crys du y lowt.
TWM POST: Chi'n iawn. Dim i angladd wyt ti'n mynd 'chan.
WILIAM: Sai'n siŵr. Ti Twm ddim wedi gweld y breid? Wel fi'n 'very sori', fel hyn fi'n mynd.
MAM: Drychwch 'ma, fyddwch chi'n fwy sori os ewch chi o 'ma fel 'na. Beth fydd pobol yn meddwl ohono ni yma, bod ni wedi gadel i chi fynd mewn shwd stad?
TWM POST: Ti'n edrych fel un o'r maffia achan.

Delyth yn dod o stafell arall.

WILIAM: O, ca dy lap.
MAM: Delyth gwed wrth y crwt 'ma nei di.
DELYTH: Gweud beth?
MAM: Wel, am newid y crys du a'r tei ddwl 'na. Fydd pobol yn meddwl bod gwendid ar ei ben e.
DELYTH: Wel, na fe. Fydd pawb yn gwybod wedyn beth ni'n gwybod nawr.

WILIAM: Edrych 'ma – paid ti â dechre iwso dy 'cheeks'.
DELYTH: Beth bynnag, ma' Mam yn iawn – am unwaith. Cer i wisgo crys gwyn deche.
WILIAM: Crys gwyn! Y nefi-bananas! Sa'i wedi gwisgo crys gwyn ers pan own i'n grwt, a sdim un i gael da fi ta beth.
MAM: Wrth gwrs bod e.
WILIAM: Nagoes.
MAM: Oes te!
WILIAM: Nagoes te!
MAM: Oes.
WILIAM: Nagoes.
MAM: Oes.
WILIAM: Nagoes.
DELYTH: Oes.

Wiliam yn dal i wynebu Mam, heb sylweddoli am eiliad mai o enau Delyth y daeth yr 'oes' olaf.

WILIAM: Nagoes.

Sylweddoli.

WILIAM: Y?

Troi i edrych ar Delyth.

DELYTH: Oes. Ma' da ti grys gwyn, Wiliam.
WILIAM: Ble mae e te?
MAM: Yn eich wardrob.
WILIAM: Sa'i wedi 'i weld e.
MAM: Wel, fi wedi 'i weld e.
WILIAM: O! Chi wedi, odych chi.
MAM: Odw.
WILIAM: Wel, gwedwch wrtho'i te, pwy fusnes o'dd 'da chi edrych y'n wardrob i te.
MAM: Eich wardrob chi! Ma'r wardrob'na wedi bod yn ein teulu ni ers cenedlaethau.

WILIAM: Golwg fel 'ny sydd arno fe. Wi wedi bod yn meddwl sgwennu at y Pôp, i weud bo' fi wedi ffindio fe.
MAM: Ffindio beth?
WILIAM: Arch Noa. Ma' gormod o ofan agor y drws arna'i rhag ofan y dechreuan nhw ddod mas. Dau ji-raff, dwy gath wen, dau hipopotomos, dwy wiwer goch...
MAM: Wiliam, am y tro ola' – ewch i'r llofft i newid.
WILIAM: Ond sdim crys arall 'da fi fenyw.
DELYTH: Dangosa'i i ti.

Delyth yn mynd am y llofft.

MAM: Ie. Ewch lan y llofft 'da Delyth a tynnwch y bwci crys 'na.
WILIAM: Pam na fyddech chi wedi gweud ynghynt? (yn awgrymog)

Wiliam a Delyth yn mynd o'r llwyfan a Wiliam yn dweud ar y ffordd drwy'r drws...

WILIAM: Hei! Delyth, ti am i fi dynnu 'nhrowser hefyd?

Mam ar fin ymateb. Gweld Wiliam yn cilwenu arni.

MAM: Pam? Pam? Pam?
TWM POST: Pam beth, Misus Jones?
MAM: O dim byd, Twm. Chi wedi gweld Einon o gwbwl?
TWM POST: O...y..dim ond i weud shw' mae. Pam – o's rhywbeth yn bod?
MAM: Wi ddim yn deall, Twm. Mae e'n gweud bod yr ieir yn pallu dodwy 'dag e'r wythnos hon. Rhyngddo chi a fi, wi'n credu bod 'na rywbeth od yn mynd 'mlaen mas 'na.
TWM POST: Ie, wel a bo chi wedi sôn, wedodd e wrtho'i fyn'na nawr bod e'n becso bod yr wyau'n brin i chi misus.

Y drws yn agor. Daw Einon i mewn.

EINON: Sori meistres. Dim wye heddi o gwbwl.
MAM: Be wedoch chi?
EINON: Dim. Dim un o gwbwl.

MAM: Einon... wi mo'yn gwybod...
EINON: Gwybod beth, meistres?
MAM: Y cyfan, Einon.
EINON: Y cyfan am beth, meistres?
MAM: Y cyfan am y busnes wye 'ma.
EINON: (yn actio ceiliog ar y llwyfan) O! Wel ma'r ceiliog yn edrych rownd, a mae e'n ffansio'r iâr fach 'ma a wedyn mae e'n rhedeg ar ei hôl hi, a...
MAM: (gweiddi) Einon. I ble mae'r wye ma'n mynd?
EINON: E?

Einon yn gweld Twm Post. Yn siarad ag e fel pe bai e'n llefaru sgript llwyfan.

EINON: Jiw-Jiw! Twm Post. Bore da Twm. Shwt wyt ti heddi, Twm? Mae hi'n fore braf, on'dyw- hi.

Twm yn sibrwd braidd.

TWM POST: Ni wedi cwrdd yn barod.

Einon heb glywed o ddifrif am unwaith.

EINON: E?
MAM: O'n i'n meddwl bo' chi'ch dau wedi cwrdd yn barod heddi.
EINON: Wel wrth gwrs 'ny. Wi'n nabod Twm ers blynydde. A nabod ei dad cyn 'ny. Wi'n cofio dy dad yn cario post ffor' hyn am flynydde a blynydde. Jiw, na fachan am niws o'dd dy dad. Sdim niws 'da ti heddi, o's e Twm?

Gan wneud stumiau i gyfeiriad Twm i sicrhau bod Twm yn parhau ar yr un trywydd. Twm yn deall.

TWM POST: Niws.... y... wel.... dim llawer.
EINON: Beth am... beth am Herbert Thomas?
TWM POST: Herbert Thomas?
EINON: Ie. O'dd rhyw niws dag e i ti bore 'ma te?
TWM POST: O!... Wel... y...

EINON: Wedodd e bod e'n mynd i ginio'r cŵn hela heno?
TWM POST: Naddo...

Einon yn gwneud llygaid... iddo ail-feddwl.

TWM POST: Y... Do! Do! Do 'chan. Na beth od bo' fi ddim yn cofio fyn'na nawr. Daeth e mas ar draws y clos a wedodd e 'Bore da, Twm, rwy'n mynd i ginio'r cŵn hela heno'.
EINON: Jiw, na niws. Glywoch chi 'na meistres. Ma' Herbert Thomas yn mynd i ginio'r cŵn hela heno.
MAM: Wi'n gwybod diolch yn fowr.
TWM POST: Noson fawr, ma' nhw'n gweud.
EINON: I rei'ny sy'n gallu ffordo.

Winc i gyfeiriad Twm.

EINON: Pwy sy'n mynd 'da fe 'leni? Wedodd e?

Twm yn deall.

TWM POST: Wel, wedodd deryn bach wrtho'i ma chi misus yw'r fenyw lwcus. Odw i'n iawn?
MAM: Wel... odi... ma' fe wedi gofyn.
TWM POST: Ie, wel watchwch chi be chi'n 'neud, te.
EINON: Pam? Be ti'n feddwl Twm?
TWM POST: Wel (peswch) Wel, ma' nhw'n gweud bod e'n dipyn o foi gyda'r mynwod 'ma.

Einon yn gwenu a wincio ar Twm.

EINON: Ti'n eitha reit, Twm. Finne wedi clywed nag oes neb yn mynd i ginio cŵn dag e'r ail waith.
TWM POST: Pam 'ny te?
EINON: Sdim digon o nerth ar ôl 'da nhw!

Y double act wedi gweithio mor dda nes peri i'r ddau chwerthin yn ddwl bared bost. Mam yn syllu'n grac iawn i gyfeiriad y ddau. Einon yn gweld llygaid Mam a meddwl mai tewi fydde orau.

EINON: Reit, hwyl Twm. (Exit Einon)

TWM POST: Ie, hwyl a well i finne fynd hefyd, amser yn hedfan.
MAM: Ble ma'r llythyron te Twm?
TWM POST: O! ie, bron i fi anghofio, dim ond rybish a glaw s'da fi heddi'.

Twm yn taflu rhyw lythyr diwerth ar y ford, Mam yn mynd i waelod y star a gweiddi.

MAM: HEI! Chi'ch dau wedi bod lan fan'na'n ddigon hir nawr.

Mam yn sylwi fod Twm Post wedi gadael ei gap ar y ford.

MAM: Hwnna! a'i gap eto.

Mam yn cydio yn y cap, mynd allan a galw ar Twm. Tra bo hyn yn digwydd fe ddaw Delyth lawr o'r llofft yn cario 'sgidiau Wiliam a dwster, yn eu glanhau wrth ddod i mewn.

DELYTH: Mam! Ble mae honna wedi mynd eto?

Daw Wiliam i lawr o'r llofft.

WILLIAM: Delyth! Ble ma'n 'shoes' i wedi mynd?
DELYTH: Ma' nhw fan hyn 'da fi yn ca'l 'u glanhau.

Delyth yn rhoi y 'sgidiau lawr ar y llawr yn barod i Wiliam roi ei draed ynddyn nhw, Wiliam yn cyrraedd y gegin yn ei ddillad gore a gweld y 'sgidiau.

WILIAM: Fues i'n edrych am 'rhain ymhob man. (camu i mewn i'r 'sgidiau).
DELYTH: Wedes i bo' fi'n mynd â nhw i'w glanhau.
WILIAM: Ma'r coler 'ma'n stiff Delyth.
DELYTH: Ma' fe'n newydd Wiliam a ma' fe'n edrych yn grêt, ond i fi ga'l neud y dei 'na yn ddeche.

Delyth yn neud cwlwm tei Wiliam. Ceir eiliad 'lletchwith romantic', wrth i Delyth gydio yn y dei mae Wiliam yn rhoi ei law i hanner cyffwrdd â'i llaw gan ddweud...

WILIAM: Wel, diolch yn fowr i ti am brynu 'rhai'n, fydd rhaid i fi gofio dy dalu di 'nôl.

Delyth yn gwthio ei law e bant.

DELYTH: 'Sda ti ddim gobeth anghofio good boy, 'wedes i wrth Evans' y siop y galwe ti dydd Llun i dalu amdanyn nhw.
WILIAM: E! Faint gostodd y cyfan te? A paid tynnu 'rhy dynn Delyth!
DELYTH: 'O'dd y crys yn forty five pounds.
WILIAM: Forty five!!
DELYTH: A 'o'dd y tei yn bum punt ar hugain, y cyfflings yn ugen a'r cyfan yn £90.
WILIAM: Ti wedi gwario £90 ar grys, tei a cyfflings heb holi fi, ti'n sylweddoli faint 'wy'n ennill?
DELYTH: Wrth gwrs bo fi. Ni sy'n dy dalu di. Agor dy freiche!

Delyth yn ei frwsio fe… Daw Mam mewn ac edrych ar Wiliam.

MAM: Na fe! Ma' rhyw shap arno chi nawr.
WILIAM: Fyse 'run man i fi fod yn priodi yn hunan ar ôl gwario'r holl arian 'ma.
MAM: Reit 'wy'n mynd i orffen gwisgo achos fydd Herbert yma whap.

Mam yn mynd i'r llofft. Wiliam yn acto Herbert.

WILIAM: O! Na! 'sdim iws bod yn 'weddar i Herbert.

Wiliam a Delyth yn chwerthin tra bod Delyth yn brwsio ei siwt.

DELYTH: Tro cynta i ti fod yn was priodas ife?
WILIAM: Ie, a'r tro diwetha. Ma beth yw job – diolch yn fowr.
DELYTH: Pam 'ny?
WILIAM: Wel, ma' pawb isie'r best man i neud popeth fel ci bach drwy'r dydd, ond y nosweth 'ny 'sneb ise fe.
DELYTH: Falle fydd un o'r 'bridesmaids' yn teimlo yr un peth â ti.
WILIAM: Dim ond un sy 'na a dim ond saith oed yw honno.

DELYTH: Bant â ti nawr achos dim ond un sy â hawl i fod yn hwyr heddi a honno yw'r breid.
WILIAM: OK! OK! Hwyl! Wela i ti fory.

Delyth yn agor ei bag, tynnu lipstic a drych allan etc... Wiliam yn agor y drws yn gloi a dweud...

WILIAM: Delyth! Dwed wrth dy fam bod HERBERT wedi cyrra'dd, Hwyl! (gor-ddweud Herbert).
DELYTH: Mam! Ma' Herbert 'ma.

Herbert yn gweiddi 'Helo!' o gefn y llwyfan.

DELYTH: Mr Thomas dewch mewn.

Daw Herbert i mewn

HERBERT: Tywydd yn wael 'tydi?
DELYTH: Twm Post yn gweud mai ar y lleuad mae'r bai.
HERBERT: Wel, ma' rhaid i hwnnw roi'r bai ar rywun. Ble oedd yr hogyn gwirion 'na yn mynd yn 'i ddillad gore?
DELYTH: O! ma fe'n was priodas heddi.
HERBERT: Mae isio gwas ar rai pobol on' does na?

Mam yn dod i'r llwyfan. Het newydd. Lot o flodau ac ati.

MAM: O Mam! Beth yw'r hat 'na sy 'da chi?
MAM: Ti'n licio hi? Rhyw syrpreis i'r achlysur.
MAM: Mam, mae'n ofnadw! Rhoden i ddim o honna ar ben bwgan brain o ran parch.
HERBERT: Peidiwch gwrando arni, Gwyneth. Dach chi'n edrych fel brenhines. Fydd neb i gystadlu â chi yn y cinio heno. Ydy popeth gynnoch chi?
MAM: Y... odi... Dewch Herbert... a paid anghofio dod 'nôl i odro cyn mynd off heno.
DELYTH: Godro? S'o chi'n dod 'nôl i odro te?
MAM: Wrth gwrs na fyddwn ni. Fyddwn ni wedi gwneud yn dda os rowndwn ni o'r sioe flode i'r ginio mewn pryd.

DELYTH: Tyff te. Achos fi a Henri wedi trefnu i fynd am y dydd.
MAM: Mynd am y dydd... Pwy fynd am y dydd? Ti'n gwybod yn iawn fod Wiliam bant heddi.
DELYTH: Chithe hefyd. Beth bynnag, ma Henri a finne wedi trefnu heddi ers dyddie.

Daw Henri mewn.

HENRI: Helo Misus Jones, Mistyr Tomos.

Rhyw fath o ymateb gan y ddau. Henri yn cynnig ei foch i Delyth.

HENRI: Helo, cariads bach.
DELYTH: Paid a bod mor sili, Henri. Wi'n mynd i nôl 'y 'nghot.

Troi ar ei sawdl am y pasej. Wedi iddi fynd.

MAM: Mae'n ddrwg gen i Henri. 'Wy ddim yn gw'bod be sy'n bod arni hi y dyddie 'ma.

Herbert yn gweld ei gyfle.

HERBERT: Ia... wedi anghofio y mae hi mai hi sy'n mynd i orfod godro heno yn lle Wiliam. Fydd dim ots gynnoch chi na fydd?
HENRI: Www... Na... Ddown ni nôl yn gynnar a galla'i wotsio rhywbeth ar y teledu tra bod Delyth yn godro. Dim ond bo' ni yn tŷ Dic a Nia erbyn wyth, fi ddim yn gweld dim problem.

Delyth yn dod yn ei hôl. Wedi clywed y cymal olaf.

DELYTH: Dim problem ife, Henri.
HENRI: Wel...
DELYTH: Reit. Gwna di'r godro. Watsia i'r teledu.
HENRI: Ond...
MAM: Paid â siarad dwli, Delyth. Pwy Henri'n godro? Dyw e ddim wedi arfer a thrafod tethe a pethe felna... odych chi Henri?
HENRI: W... nagw.

Delyth yn rhoi ebychiad.

HERBERT: Hy-hm.
MAM: Wel, ma' rhaid i rywun odro, groten. Allwn ni ddim.
DELYTH: Na ni chwaith. Dere Henri, neu fydd y prynhawn wedi diflannu cyn i ni gyrraedd unman.

Henri'n anfodlon i symud.

HENRI: Ond...
DELYTH: Y car wedi'i gloi, siŵr o fod, odi-e?
HENRI: Wrth gwrs 'i fod e.
DELYTH: Ble mae'r allwedd?
HENRI: Fan hyn. Ond...
DELYTH: Henri – am y tro ola – ti'n dod gyda fi, neu ti'n mynd da'r lovebirds 'ma i'r sioe flode?
HENRI: Sioe flode! Ww! 'na neis. Sa'i wedi bod mewn sioe flode ers amser.

Delyth yn mynd â'r allweddi o'i law a mynd mas.

HENRI: Hei... Delyth. (yn mynd mas ar ei hôl)

Mam yn gweiddi.

MAM: Delyth!!!

Dim ateb.

MAM: O'r groten 'na! Be' sy wedi dod drosti. Gwedwch y gwir.
HERBERT: Fase dim o'r gofid yma arnoch chi rŵan Gwyneth pe baech chi wedi cymeryd 'nghynnig i am y fferm. Cofiwch dwy'n barod i drafod o hyd, da chi'n gwybod.
MAM: Dim nawr, Herbert, plis. Na gyd sy'n becso fi nawr yw pwy yn y byd mawr sy'n mynd i odro heddi.

Daw Einon i mewn o'r clos, troi ar ei sawdl gan feddwl diflannu 'nôl mas ond Mam yn ei weld.

MAM: Einon!

Einon yn troi i edrych yn syn at Misus Jones o glywed y cyfarchiad siwgwraidd anarferol.

MAM: Einon, y'ch chi ddim yn mynd i unman prynhawn 'ma odych chi?
EINON: Y... falle.
MAM: Be chi'n feddwl 'falle?
EINON: Wel, falle fyddai'n mynd a falle fydda'i ddim.
MAM: Mynd? Mynd ble?
EINON: Mynd bant, Mistres.
MAM: Bant i ble?
EINON: Eh?
MAM: Bant i ble, Einon?
EINON: Fi ise mynd bant.
HERBERT: Arswyd y byd!
MAM: Einon, plis – Wi'n begian arnoch chi, godrwch heno ac ewch bant wedyn, wnewch chi?
EINON: O! Wi'n deall hi nawr.
HERBERT: Haleliwia!
EINON: Ise fi i odro i chi ife?
MAM: Ie, Gwnewch on' wnewch chi?
EINON: Ond Mistres, fi wedi riteiro nawr. S'o i fod i weitho. Wiliam sy'n cael ei dalu nawr am odro... Sa'i'n credo dylen i wneud e am ddim a Wiliam yn cael ei dalu am beidio 'i wneud e, os y'ch chi'n deall beth sy''da fi. A finne ise mynd bant ar ben y cwbwl, ontife.
MAM: Reit, Reit...

Mam yn agor ei handbag. Tynnu papur ugenpunt i'r amlwg a'i ddal yn ei llaw chwith tra'n chwilio am ddegpunt a' llaw arall.

MAM: O Herbert, sdim degpunt 'da chi, oes e? Sdim llai nag ugen punt 'da fi.
EINON: Peidiwch â thrafferthu. Bydd ugen punt yn iawn.

Einon yn dwyn yr ugen punt o'i gafael gan adael Mam yn syn a bant ag e allan.

HERBERT: Reit, popeth 'da chi Gwyneth?
MAM: O fi'n credu fod e... reit bant a ni te.

DIWEDD YR OLYGFA

TYWYLLWCH

GOLYGFA 2

Dechrau gyda thywyllwch yn y tŷ a Delyth a Henri yn dod mewn.

HENRI: Beth oedd yn bod arno ti heno i fynnu dod adre fel hyn?
DELYTH: Fi wedi gweud wrtho ti, odd pen tost 'da fi.
HENRI: O! ro'n i'n meddwl mai dim ond mynwed priod o'dd yn ca'l penne tost.
DELYTH: O paid mynd 'mlan am y peth o hyd.
HENRI: Dic a Nia yw'r ffrindie gore sydd gen i ac o'dd o'n ddifaners fel godest ti am hanner awr wedi wyth a gweud bod ti ise mynd adre.
DELYTH: Wel os wyt ti ise gwybod Dic a Nia yw'r ddau mwya... boring, boring, boring fi wedi cwrdd ag erioed.
HENRI: Beth wyt ti'n feddwl boring?
DELYTH: Wel ma Dic fel tiwn gron bob tro.

Delyth yn actio yn sbenglyd.

DELYTH: Ble fuon nhw ar 'u gwylie llynedd, beth ma nhw wedi brynu i'r tŷ, pryd ma fe yn mynd i newid 'i gar, a ble ma' fe'n mynd i brynu fe a dim ond babi sydd ar frêns Nia ac os yw hi gyment o ise babi mae'n hen bryd iddi ga'l e yn rhywle, heblaw 'i brains.
HENRI: Ond i ni wedi cael lot o garedigrwydd gyda nhw.
DELYTH: Er mwyn iddyn nhw ga'l rhywun i iste yn y tŷ 'na i wrando am 'u bywyd hunanol nhw.

Delyth yn eistedd a thynnu Henri i lawr.

DELYTH: Gwranda! Ma' Dic a Nia'n iawn mewn 'small doses', ond mae'n hen bryd i ni hela mwy o amser wrth ein hunen. Sdim ise mynd dros afon i moyn dŵr pan bo tap yn y tŷ.

Delyth yn chware amboti â Henri.

HENRI: Ti'n iawn? Own i'n meddwl bod pen tost 'da ti.

DELYTH: Ma fe'n gwella bob munud.
HENRI: O! Ti wedi plano hyn i gyd heno yn dwyt ti?
DELYTH: Na, wir nawr... wel groesodd e'n meddwl i jyst cyn ifi gael 'y mhen tost bod y tŷ yma yn wag heno a falle gallen ni...

Delyth yn niblan ei glust neu rhywbeth tebyg!

HENRI: Hei! Beth wyt ti'n neud?
DELYTH: Dere 'mlan, relacsa nawr. Dim yn y banc wyt ti. 'Yw'r manager ddim yn dy watcho di.
HENRI: Dim y manager sy'n becso fi. Aw! Paid!
DELYTH: (yn codi) Paid symud. Aros lle wyt ti. Fydda i nôl nawr.

Henri yn edrych yn 'ruffled'. Delyth yn mynd at y cwpwrdd a gofyn...

DELYTH: Beth wyt ti'n mofyn gwin gwyn neu coch?
HENRI: O! 'Wy'n dreifo.
DELYTH: Un Henri!
HENRI: Un bach coch te, un bach cofia!

Daw Delyth a dau lasiad o win weddol llawn. Y ddau yn mwynhau ar y soffa. Delyth yn dangos i Henri sut i groesi breichiau wrth yfed ac ati.

HENRI: Dala fe'n llonydd. Dal e'n llonydd.

Delyth yn dechre chwerthin ac yn symud rhywfaint ac wrth hynny yn colli'r cyfan dros drowser Henri.

HENRI: (yn neidio i'w draed) O Delyth, edrych beth wyt ti wedi neud.
DELYTH: O sori.
HENRI: Ma fe wedi sboilo. Heddi brynes i e, beth wedith Mami?
DELYTH: Paid bod yn sofft. Dere 'ma.

Delyth yn trio rhwbio y gwin i ffwrdd.

HENRI: Paid! Ti'n hela fe'n wa'th nawr. O ga i row 'da Mami pan welith hi fe a ma' fe wedi mynd trwyddo i mhants i nawr.

DELYTH: O dere lan llofft te.
HENRI: I beth? (yn panico o glywed hyn)
DELYTH: I newid e. Whila i rywbeth o wardrob Wiliam i ti.

Y ddau yn mynd lan grisiau. Yr eiliad mae'r ddau yn diflannu gwelir pen Wiliam yn ymddangos drwy ddrws arall.

WILIAM: Reit, dere mewn.
LYNDA: A fan hyn wyt ti'n byw efe?
WILIAM: Ie, dyma fe.
LYNDA: A ti'n byw fan hyn wrth dy hunan?
WILIAM: Y... odw... odw.

Lynda yn gweld 'long johns' ar yr 'horse'.

LYNDA: Hei kinky
WILIAM: Beth sy'n kinky?
LYNDA: Ti'n gwisgo long johns? Os rhai mla'n gyda ti heno?

Lynda yn trio edrych yng ngwaelod ei drowser e.

WILIAM: Paid!
LYNDA: Ti yn...
WILIAM: Nadw ddim, ddim rhai fi yw rheina.
LYNDA: Rhai pwy te?
WILIAM: Y... dad-cu sydd â nhw.
LYNDA: Ond wedes di bod ti yn byw wrth dy hunan.
WILIAM: Odw, wel i fi yn, mewn ffordd, ond am dad-cu a mam-gu. Wel fuodd hi yma, ond smo mam-gu yma nawr. A ma dad-cu yn gwely, sdim ise i ti fecso dim.
LYNDA: Nag yw e'n mynd i godi os glywith e ni'n siarad?
WILIAM: Na paid becso, ma rhiwmatic ofnadw arno fe, 'yw e byth yn gallu dod lawr stâr a ma' e'n dywyll ac yn drwm ei glyw.
LYNDA: A ma' fe'n styc lan fan'na ddydd a nos.
WILIAM: Y... odi... ma' fe'n eitha hapus, ma teli gyda fe a popeth ma fe'n mo'yn.

Lynda yn eistedd a Wiliam yn rhoi ei fraich amdani, ond bob tro mae bron llwyddo i ddod yn agos iawn mae hi yn dechre am rywbeth arall o hyd.

LYNDA: Ond sdim point iddo fe gael teli os yw e'n drwm ei glyw a ffili clywed ac yn ddall.
WILIAM: Y... dim ond yn colour blind ma fe.

Wiliam yn trio'i lwc eto.

LYNDA: Ti sydd berchen y fferm te?
WILIAM: Ie, fi wedi cael y fferm gyda dad-cu a mam-gu.
LYNDA: Am ddim?
WILIAM: Do, achos bod fi yn gofalu ar 'u hôl nhw.
LYNDA: So... ti yn gyfoethog iawn?
WILIAM: Wel falle, odd acowntant fi yn gweud wrtho fi rhyw ddiwrnod, erbyn cownto gwerth y ffarm a'r stoc i gyd, fi yn millionaire.
LYNDA: Na... Co... Fi'n falch bo fi wedi cwrdd â ti.
WILIAM: Ond ma rhai pethe mwy pwysig nag arian.

Wiliam yn cael peth mwy o lwc tro hyn – ond mae'n dechrau jabran eto.

LYNDA: So, ble mae dy fam-gu di?
WILIAM: Mam-gu? Y... mae... wel ti'n gweld aeth mam-gu tamed bach yn dw lali, a own i yn ffaelu copo gyda hi so yn y diwedd gorfod iddi fynd i hospital am sbel. Falle daw hi nôl eto ond sai'n credo achos mae hi'n eighty-eight nawr.

Trio ei lwc eto.

LYNDA: Cofia ma rhaid i fi fod adre cyn deuddeg ne laddith dad fi.
WILIAM: Librarian yw dy dad ynte fe?
LYNDA: Ie.

Wiliam yn dechre chwerthin.

LYNDA: Pam ti'n wherthin? Sdim yn rong mewn bod yn librarian.
WILIAM: O na, jyst meddwl own i se ni yn cadw ti mas ar ôl deuddeg fyse fe siŵr o ffeino fi.
LYNDA: Dim jôc yw dadi, allai weud wrtho ti.
WILIAM: OK. Anghofia am dadi nawr. Ma digon o amser 'da ni eto.

Y ddau wedi setlo eto.

LYNDA: (yn neidio i'w thraed)
Pwy yw honco yn y ffoto 'na?
WILIAM: Ti fel giâr yn dŵr twym, wyt.
LYNDA: (yn cydio mewn llun o Delyth a dod nôl ag e at y soffa)
Pwy yw hon?
WILIAM: Hon yw Delyth, whâr fi.
LYNDA: Ble mae hi yn byw te?
WILIAM: Mae hi yn America. Mae'n briod â cowboi.
LYNDA: Ti'n twyllo fi nawr.
WILIAM: Na wir, briododd hi ag American odd yn berchen ranch fawr. Sa i wedi gweld hi ers pum mlynedd.
LYNDA: Se ti'n lyco 'i gweld hi 'to?
WILIAM: (yn ei thynnu i eistedd) Mm... ond dim heno. Allai feddwl am beth gwell heno.
LYNDA: Ma' chwaer i gael 'da fi.
WILIAM: (bach yn bored) O, os e?
LYNDA: Briododd hi pan oedd hi yn eighteen a fi'n credu bod hi wedi dyfaru nawr.
WILIAM: Faint yw ei hoed hi nawr?
LYNDA: 19.
WILIAM: Nefi bananas. Fuodd hi ddim yn hir yn newid 'i meddwl.
LYNDA: Y broblem yw bod hi'n gweld fi'n cael amser mor dda wrth yn hunan fi'n credu.
WILIAM: (yn bored. Wedi rhoi fyny) Ti'n iawn, i ni yn cael good time, ond y'n ni.
LYNDA: So fi'n mo'yn priodi yn rhy ifanc achos fi ddim yn mo'yn colli'n 'independence'.
WILIAM: Wel cadw di mla'n fel hyn a ti'n saff o'i gadw e.

LYNDA: Un peth fi'n moyn neud cyn priodi yw mynd ar criws rownd y byd.
WILIAM: Ma fe mewn am sioc te.
LYNDA: Pwy?
WILIAM: Y byd.
LYNDA: Anyway ma rhaid i fi safio arian am sbel fawr cyn alla i fynd i unman yn enwedig ar y gyflog fi yn ennill nawr.
WILIAM: Rhaid i ti whilo well job te.
LYNDA: Hy! Fi wedi bod ar dair gwahanol Y.T.S. job eleni.
WILIAM: Tair!
LYNDA: Ie, ges i job i ddechre yn gwerthu petrol ond ges i sac mewn tri diwrnod.
WILIAM: Pam?
LYNDA: Nes i fistec. Roes i petrol yn lle diesel yn car y bos a fe ath e'n hollol beserc a saco fi! Odd dim ise iddo fe fynd mor grac achos ma petrol yn tsiepach na diesel anyway.

Synnu wrth glywed sut dwpdra.

LYNDA: Wedyn ges i jobyn yn swyddfa cyfreithwyr.
WILIAM: A ges di sac arall?
LYNDA: Na gorfod i fi weud wrth hwnnw am stwffio i job odd e'n haraso fi.
WILIAM: Beth odd e'n neud?
LYNDA: Wel odd e'n galw fi mewn i'w swyddfa fe drwy'r dydd ti'n gwybod ac un diwrnod fe wasgodd e fi yn erbyn y typewriter nes o'n i'n goch ac yn ddu drosta i.
WILIAM: Gath e fwy o lwc na rhai te.
LYNDA: So nawr fi yn gweithio yn syrjeri doctor ers tair wythnos. Y peth gwaetha am y job yw bod pawb yn sâl, ond na fe, na pam ma nhw yn dod i'r syrjeri. Hy! Mae'n bwysig iawn cadw popeth yn conffidenshal... Ti'n gwybod pwy dda'th mewn heddi? Councillor Evans a ma fe'n mynd i ga'l... o, na sai fod gweud.
WILIAM: Wel paid te.
LYNDA: Hy, ma fe'n mynd i gael...

Lynda yn sibrwd rhywbeth ym mrest Wiliam.

WILIAM: Cer o 'ma, na.
LYNDA: Odi wir. So fi wedi gweud wrth neb.
WILIAM: Ond ma fe'n drigen oed.
LYNDA: Fi'n gwbod a mwy na hynny ma fe'n moyn e yn preifat er mwyn cael e'n gloi.
WILIAM: Nefi-bananas! Nawr te Lynda fel ych meddyg personol chi, dewch i fi gael rhoi full medical i chi!

Daw sŵn o'r llofft. Wiliam yn neidio.

WILIAM: Beth oedd hwnna?
LYNDA: Beth?
WILIAM: Y sŵn 'na lan stâr?
LYNDA: Dad-cu ti yw e shŵr o fod yn codi... i ym rhywbeth.
WILIAM: Dad-cu? O ie, ie, dadcu.

Wiliam yn dal i edrych fyny.

LYNDA: Ti'n gwbod beth licen i gael nawr?
WILIAM: (yn wên i gyd) Na, beth?
LYNDA: Cwpaned o goffi. Ma ngheg i'n sych.
WILIAM: Sdim rhyfedd 'da fi.
LYNDA: Af i i neud e os wyt ti isie?
WILIAM: (yn codi'n gloi) Na, na, af i neud e... Resta did y geg fanna. (wrth i Wiliam godi clywir car yn dod yn gloi at y tŷ)
WILIAM: Nefi-bananas! Ma' nhw'n ôl.

Lynda yn codi.

LYNDA: Pwy?
WILIAM: Y... Mam-gu.
LYNDA: Ond mae hi yn hospital.
WILIAM: Os welith hi ti fe laddith di.

Sŵn yn y drws. Lot o banic. Wiliam yn cydio yn llaw Lynda.

WILIAM: Cer o dan y ford... gloi! (lliain ar y ford yn help iddynt guddio)
LYNDA: Mae hyn yn stiwpid!

Y ddau o dan y ford. Mam a Herbert yn dod 'nôl o'r ddawns.

MAM: Drychwch Herbert, mae Einon wedi mynd heb gloi drws na troi'r gole off. Gadewch i fi gael gafael ynddo fe. Geith e i gwybod hi.
LYNDA: (dan y ford...) Mae'n swno yn fenyw gas ond yw hi.
HERBERT: O! mae hwnna wedi bod yn ddidoreth ers blynydde se chi'n gofyn i fi.
LYNDA: Pwy yw hwnna sy gyda hi?
WILIAM: Hwnna yw 'i seiceiatrist preifat hi.
MAM: Wel, weda i un peth wrtho chi Herbert, odd dda gen i gael dod adre heno! Odd eu hanner nhw 'n feddw dwll.
HERBERT: Chi'n iawn odd rhai wedi mynd dros y top 'na.
LYNDA: Glywest ti 'ynna. Pawb yn feddw yn yr hospital.
WILIAM: Hist! Ca dy geg.

Mam a Herbert yn eistedd ar y soffa.

MAM: A Herbert, weloch chi y mayoress a'r huntsman yn y cloakroom. Beth o'n nhw yn neud 'na?
HERBERT: Wel mi roedd o ar drywydd rhywbeth.

Herbert yn rhoi ei law gan bwyll am Mam wrth ddweud hyn a symud ati.

MAM: Ych-a-fi! Ma fe'n diflasu fi i gyd pan y chi yn gweld menyw o'r safle yna yn chwarae amboiti fel 'na, druan bach a'i gwr 'i weda i.

Herbert yn agor ei siaced.

MAM: Chi'n teimlo hi'n dwym yma?
HERBERT: Ydi, mae hi'n eitha gwresog ond tydi.

Herbert mewn 'romantic mood'.

MAM: O! wel, gobeithio nad oedd gwahaniaeth da chi mod i wedi dod â chi adre mor gynnar.

Herbert yn closio yn agos iawn. Mam yn coleddu tipyn.

HERBERT: Mae'n well gen i gael deg munud gyda chi fan yma na noson gyfan gyda rhai o' rheina.

Herbert yn rhoi cusan bach ar foch Mam. Lynda yn edrych arno dan y ford.

LYNDA: Wiliam, mae'r seicaiatrist 'na yn cusanu dy famgu nawr.
WILIAM: Odi fe? Ma' fe'n rhan o'r treatment ti'wel'.
LYNDA: Fi'n credu bo fe'n real hen fochyn.
MAM: O, Herbert, mae'r gwin 'na wedi mynd i'ch pen chi.
HERBERT: O! Gwyneth, sdim ise gwin arna i i ddangos fy nheimlade i chi.
MAM: Herbert, gan bwyll nawr.
HERBERT: O Gwyneth da chi'n ddynes gynhyrfus iawn.
LYNDA: Clyw e, dyle hwnna gael 'i reporto i'r medical council, y mochyn!
HERBERT: Gwyneth, dwy ddim wedi dweud hyn o'r blaen wrtho chi ond dwy'n teimlo mai rŵan ydi'r amser...

Y ddau ym mreichie'i gilydd ar y soffa. Daw Delyth a Henri i lawr o'r llofft. Mam a Herbert yn neidio a Delyth yn gweld y cyfan.

DELYTH: Beth yn y byd mowr sy'n mynd mla'n yma?
MAM: Beth y'ch chi'n neud 'ma?
DELYTH: Alla i holi yr un peth i chithe hefyd. Ych-a-fi, ma gas 'da fi feddwl beth o chi a hwnna yn neud ar y soffa 'na. Bobol 'ch oedran chi.
MAM: Alla i holi tithe hefyd, beth o' chi yn neud lan llofft na. Y soffa ddim digon da oedd hi?

DELYTH: Drychwch yma. Mynd i'r bathroom nelo ni achos bod Henri wedi g'lychu'i drowser.
MAM: O, g'lychu'i drowser ife?
HERBERT: (yn torri ar draws...) Rwan, rŵan, hist! Y ddwy ohonoch chi.
DELYTH: Beth wedoch chi?
HERBERT: Hist! Nawr te.
DELYTH: P'idwch chi siarad â fi fel'na yng nghartre yn hunan.
MAM: Delyth!
HERBERT: Does dim rhaid cynhyrfu.

Pawb yn dawel. Ar hyn clywir Lynda dan y ford.

LYNDA: O! Fi ise mynd i toilet.

Pawb yn edrych o dan y ford. Lynda a Wiliam i'w gweld. Pawb yn neidio yn ôl.

LYNDA: Helo.

Wiliam yn nodio.

MAM: Dewch mas o fan'na!

Y ddau yn dod allan.

MAM: Wel?
WILIAM: (yn cyflwyno Lynda) Lynda, dyma Mam-gu.
LYNDA: Chi ddim yn edrych yn eighty eight.
WILIAM: A dyma Herbert Tomos y seicaiatrist.
LYNDA: Dele chi gael ych streico off, yr hen fochyn.
WILIAM: Ac os gredu di mai hwn yw tad-cu fi, fe gredu di rywbeth.
LYNDA: (yn uchel) Helo Dad-cu.
WILIAM: A hon yw chwaer fi, Delyth, o America.
LYNDA: Helo. Ble mae'r cowboi te?
MAM: Ma hwnnw, 'y merch i, yn sefyll wrth ych ochor chi... a'r tro hyn 'y chi wedi mynd yn rhy bell.
WILIAM: Ma pawb wedi bod yn bellach na fi yma heno.

MAM: Watchwch 'ch tafod machan i.
DELYTH: Ie paid ti siarad felna â Mam! Odd gyda ti ddim hawl dod a'r sguthan 'ma i'r tŷ o gwbwl.
WILIAM: Gyment o hawl a odd gyda ti fod a hwnna yn y llofft a chi meistres fod a hwn ar y soffa. Fi'n talu am yn lle.
MAM: O' chi'n achub mantes yma heno. Gwbod bod pawb mas.
WILIAM: Na beth y ni gyd wedi neud yn te fe. Pawb yn meddwl cael snogad ar slei.
MAM: Reit, Na fe.
DELYTH: Ti wedi mynd yn rhy bell nawr.

Y ddwy ar dop eu lleisiau.

MAM: Gad ti hyn i fi.

Ar hyn clywir sŵn y drws yn agor a dim ond cefen Einon yn dod mewn yn edrych nôl a siarad.

EINON: Come in my darling, all the others are out tonight.

Wrth i Einon droi a gweld pawb. Blonden gyda fe. Pawb yn edrych ar 'i gilydd.

Mam yn dod â phopeth nôl i drefen.

Erlid menyw Einon a Wiliam a'r ferch.

Herbert yn cael mynd.

Cau y drws a pwyso arno.

Gweld Einon ar ganol y llawr.

Edrych yn gas arno.

EINON: Chi mo'yn fi odro nos fory 'to?

Y DIWEDD